¿Calien

por El

Consultants: David Olson, Director of Undergraduate Studies, and
Tamara Olson, Associate Professor, Department of Mathematical Sciences,
Michigan Technological University

El fuego es muy caliente.

El hielo es muy frío.

¿Qué más es caliente?

¿Qué más es frío?

¿Te pondrías esta ropa un día que hace frío?

¿Te pondrías esta ropa un día que hace calor?

¿Qué ves aquí que es frío?

¿Qué ves aquí que es caliente?

¿Qué ves aquí que es caliente?

¿Qué ves aquí que es frío?

¿Están las cosas aquí adentro calientes?

¿Están las cosas aquí adentro frías?

¿Qué puede hacer la niña para mantener la leche fría?

¿Qué hará el señor para calentar la pizza?

¿Qué más es caliente?
¿Qué más es frío?